AF450308

# Más allá de traducir

## Mi experiencia como intérprete-traductora del idioma japonés

Stephania Salgado Campuzano

EDIQUID

MÁS ALLÁ DE TRADUCIR
Mi experiencia como intérprete-traductora del idioma japonés
© Stephania Salgado Campuzano


Editado por: Corporación Ígneo, S.A.C.
para su sello editorial Ediquid
José Olaya 169, Ofic. 504, Miraflores. Lima, Perú


Primera edición, mayo, 2024
ISBN: 978-612-5142-58-0


Impresión bajo demanda
Hecho el Depósito Legal en la Biblioteca Nacional del Perú N° 2024-03777
Se terminó de imprimir en mayo del 2024
ALEPH IMPRESIONES SRL
Jr. Risso Nro. 580 Lince, Lima


www.grupoigneo.com
Correo electrónico: contacto@grupoigneo.com | Teléfono: +51 955 071 270
Facebook: Grupo Ígneo | X: @editorialigneo | Instagram: @grupoigneo





Colección: Nuevas Voces

# Capítulo 1
# El comienzo de todo

Nunca pensé que me dedicaría a traducir e interpretar el idioma que más me llamó la atención desde que era adolescente. Al principio comencé a estudiarlo por mi cuenta, junto con una amiga de la preparatoria que también tenía mucho interés por el idioma japonés; ella consiguió imprimir los silabarios *hiragana* y *katakana*, que son dos de los sistemas de escritura japonesa, y me compartió una copia para que los estudiase. Como esa etapa fue muy complicada para mí, ella los estaba aprendiendo más rápido que yo; bueno, supongo que es normal pasar por un sinfín de dificultades en la adolescencia.

En ese momento no tenía interés por el estudio. Estaba más interesada en tener amigos y un novio, y en ser el centro de atención en la escuela, razones por las que todo fue muy complicado. Además, los problemas familiares tan grandes que vivía cada día en casa me tenían muy confundida y desanimada de la vida. Mis padres peleaban y faltaba el dinero. En especial, mi padre me trataba mal. Bueno, son cosas pasadas, aunque, sin duda, dejan una huella muy difícil de superar.

Al pasar los meses logré dominar el *hiragana* y, posteriormente, el *katakana*. En ese punto, sentía que ya no podía memorizar nada más, eran demasiados 46 caracteres de cada silabario, pero aún no tenía ni idea de lo que me esperaba con los *kanjis*. Sin embargo, el interés que tenía hizo que aprendiera sin mucha dificultad. Mi amiga, por su parte, se fue desinteresando poco a poco y ya no siguió estudiándolo; se quiso enfocar en otras cosas.

Al salir de la preparatoria comencé a trabajar, ya que no superé el examen de admisión en una universidad pública, y, a pesar de que mi madre me dijo que me apoyaría con una universidad particular, no acepté porque sabía muy bien los problemas económicos por los que pasaba mi familia. Pero ¿por qué no superé el examen si hasta la secundaria obtuve buenas calificaciones? La respuesta es muy sencilla. Y es que estuve en una escuela en la que estudié una carrera técnica con especialidad en Laboratorio Químico y, por supuesto, las materias de Química, Física, Matemáticas, Microbiología, entre otras, eran las más comunes; en cambio, las asignaturas relacionadas al español o a la literatura solo las estudié en el primer semestre. El examen que rendí era para ingresar a una carrera de lenguas, pues no quería seguir estudiando algo relacionado con la química, y es que nunca me gustó; en realidad, solo elegí esa escuela porque era la más cercana a mi casa.

Lo cierto es que siempre quise ser locutora de radio, pero sabía que para ello tenía que estudiar Ciencias de la Comunicación, y, al final, no pude hacerlo; en ese tiempo solo había una escuela particular que ofreciera esa carrera, pero no podía pagarla. De todas formas, algo que me han dicho varias veces es que lo que es para ti sucederá, pero, si no lo es, no habrá forma de que pase.

Primero trabajé en una empresa que me dio la oportunidad de desempeñarme como laboratorista; sin embargo, no estuve mucho tiempo, un mes, porque creo que me faltaba madurar en lo profesional, pero esa pequeña experiencia me ayudó a encontrar mi siguiente empleo, en el que permanecí un año y medio. Posteriormente, estuve casi dos años en una empresa cosmética, en la que me agradaba el trabajo que hacía; ahí fue donde empecé a tomar el gusto por la química, pero no lo suficiente como para continuar en ese ámbito.

Mientras trabajé en esas dos últimas empresas, retomé el idioma japonés. Primero lo estudié en un centro de enseñanza de lenguas ligado a una universidad. Como rotaban turnos, acudía al centro por las mañanas después del trabajo tres o cuatro días a la semana, dependiendo de la energía que tuviera. Era muy pesado, porque, además, vivía a dos horas de los lugares en los que trabajaba. En ese centro tenía una amiga, quien un día me platicó de otra escuela muy recomendable para seguir estudiando el japonés de forma más eficiente. Ella ya estaba estudiando allí y pronto iba a dejar el centro de lenguas de la universidad, así que me dijo que el profesor de esa escuela estaba de acuerdo en que yo fuera a escuchar una clase de forma gratuita para que decidiera si me convencía y si querría cambiarme, de igual forma que mi amiga. Y así fue: me gustó el método de enseñanza y me cambié.

A esa escuela solo acudía los sábados para trabajar entre semana sin problemas y también porque el costo de los cursos era mucho mayor. Al principio, las clases eran muy interesantes, pero, con el tiempo, dejaron de serlo. El profesor solo optaba por hablarnos en japonés y contarnos historias, pero no nos motivaba a conversar de la misma forma para aprender de verdad. Además, llegaba tarde a impartir las clases y hablaba mal de sus antiguos alumnos; incluso a nosotros mismos continuamente nos daba a entender que no servíamos para hablar bien el idioma. Pienso que, en gran parte, él tenía mucha responsabilidad de que tuviéramos ese bajo rendimiento por su actitud con nosotros y porque, aunque su nivel de japonés era bueno, no mostraba tener una buena preparación como profesor, pues ni siquiera planeaba los cursos, sino que nos enseñaba lo que se le ocurriera en el momento. A pesar de esto, mi ilusión por aprender me ayudó a rescatar cosas buenas de esas clases. Él siempre nos decía:

—No piensen en español; piensen en japonés cuando quieran hablarlo.

Y creo que me entenderán al decirles que, cuando se está aprendiendo otro idioma, es más difícil hablarlo que entenderlo. En el caso del japonés, no sirve de mucho estar estudiando solo la gramática, pero no practicar la conversación. Por esta razón, me ponía a hablar sola en mi cuarto cuando estudiaba, aunque, al principio, mis padres pusieran cara rara pensando que estaba loca. Una vez que les expliqué el motivo me entendieron, y es que no tenía con quién practicarlo en ese momento, pues a mi hermana no le interesaba ese idioma y decía, al igual que mis padres, que se veía muy difícil de aprender. Con los meses noté mejoría en mi nivel de japonés y estaba muy emocionada y comprometida con lo que estaba haciendo; es por eso que decidí dejar de trabajar y dedicarme un tiempo solo a estudiar el idioma para dominarlo mucho mejor.

El tiempo que dejé de trabajar fue muy duro, puesto que mi salario lo compartía con mis padres para comprar lo que se necesitaba en casa. Por una parte, me siento orgullosa de haber contribuido en los gastos familiares, pero, por otra, no había forma de seguir así, ya que no me podía comprar las cosas que necesitaba y, mucho menos, podía continuar mis estudios profesionales. Pero esta decisión tan drástica de estudiar el idioma japonés de forma intensiva para alcanzar cierto nivel la tomé después de que el profesor nos dijo que muchas empresas japonesas del ramo automotriz en México estaban comenzando a invertir y se estaban estableciendo en varios estados de la república.

Estas empresas necesitaban intérpretes-traductores de japonés y los salarios eran buenos. Ese dato me llamó de inmediato la atención, así que decidí intentarlo, pero aún no contaba con la certificación mínima requerida para tener una oportunidad. En ese entonces ya había aprobado dos exámenes de certificación de los niveles N5 Y N4, pero el siguiente nivel, el N3, era el que necesitaba. Así que, una vez que me sentí preparada, me presenté al examen y lo aprobé, a pesar de que el profesor nos decía que nadie lograría pasarlo porque todavía no contábamos con el nivel adecuado; fue bueno hacer caso omiso de lo que dijo. Unas semanas después, cuando tuve en mis manos la certificación, decidí dejar la escuela y continuar estudiando de manera autodidacta. También elaboré mi CV en idioma japonés; tuve algo de apoyo, pero aun así tardé dos meses en tenerlo listo.

Entonces, comencé a tocar puertas en esas empresas. Además, como parte de la búsqueda de oportunidades de trabajo, fuimos unas amigas y yo a una feria de empleo solo de empresas japonesas, que se realizó en Ciudad de México. Ellas solo me acompañaron para ver las vacantes que pudieran estar disponibles, ya que aún no tenían preparado su CV en japonés; además, no les interesaba tanto como a mí trabajar de intérpretes, sino que, más bien, buscaban empresas en las que ejercer su carrera profesional. La experiencia aquel día no fue nada agradable. La mayoría de los que estaban en el lugar presentando ofertas laborales eran nikkéis, en su mayoría de agencias de reclutamiento. Allí fue donde viví por primera vez un desplante por parte de ellos, ya que, cuando me acerqué a algunos para entregarles mi CV y pedirles una entrevista, tomaron las hojas, las leyeron brevemente y me dijeron:

—Buscamos a alguien con mejor experiencia, pero nos quedaremos con tus datos.

Me sentí mal porque lo dijeron con un desinterés muy grande y ni siquiera me entrevistaron para probar mi nivel de japonés, como sí lo estaban haciendo con otros —claro, solo nikkéis o nativos japoneses—; además, vi como aventaron mi CV en su mesa. Con esto comprobé que jamás me llamarían, por lo que regresamos a casa un poco cabizbajas. Mis amigas sintieron el mismo trato que yo, pero no quise que eso influyera en mi ánimo para seguir buscando oportunidades. Es curioso que una de las agencias que conocí ese día me contactó unos años después en repetidas ocasiones, pero nunca te dan opciones de trabajo, solo te hacen perder el tiempo con largas entrevistas para decirte al final que no hay nada adecuado para ti. Esto no solo me ha pasado a mí: también le sucedió a otra persona, a pesar de que esta tiene un nivel considerable de dominio del idioma. Creo que estas agencias deberían especificar que solo quieren dar empleo a japoneses o nikkéis de su preferencia.

En fin, unos meses después de que se llevara a cabo esta feria de empleo fue cuando tuve la primera oportunidad de trabajo. La empresa que me contactó me citó para tomar una entrevista, para la que fui hasta otro estado que está a seis horas en autobús de donde vivía. Me acompañó mi padre. El mismo día fuimos y regresamos, pues no había dinero para quedarse una noche. En el camino de ida recuerdo estar muy nerviosa por la entrevista y, aunque me sentía emocionada por la oportunidad, también sentía algo de temor de recibir un no por respuesta. Además, el camino se me hizo eterno, pues casi no intercambié palabra con mi padre porque no teníamos una relación muy buena desde hacía tiempo.

Días antes de ir a esa entrevista logré concretar una más en otra empresa, así que tenía dos oportunidades de obtener el empleo que más quería. Afortunadamente, me contrataron en una de ellas. Todavía recuerdo cuando llegué a la primera entrevista; fue complicada porque seguía muy nerviosa, pero hice mi máximo esfuerzo y hablé lo más que pude. Aquel día me entrevistaron el director de la empresa y su intérprete-traductora, quien fue muy amable y comprensiva. Ella me hablaba en español cuando era necesario; era a la que más se le notaba interés en que me contrataran, porque veía mi ilusión en la cara. Al director se le veía más dudoso, pero, al final, después de que lo conversaron en privado decidieron darme la oportunidad. La licenciada de Recursos Humanos fue quien me dijo que estaba contratada y me dio los demás detalles de la vacante. Yo estaba feliz y le dije que me esforzaría todos los días e incluso iría a trabajar los fines de semana si era necesario. Le dio un poco de risa y me explicó que no me preocupara porque no se trabajaba los fines de semana. Era diciembre, y me pidieron iniciar en enero.

Mi papá esperó todo el tiempo en el *lobby* y conoció al *staff* que me recibió ese día. Al salir de la empresa, lo primero que hice fue decirle que me habían contratado y con un salario que nunca había tenido; también llamé a mi mamá por teléfono para darle la noticia, y se puso muy contenta. Después acudí a la otra entrevista, porque no quise quedar mal, a pesar de que ya había aceptado la otra oferta. Sentí que esa entrevista fue más sencilla, quizás porque ya estaba más relajada, pues ya tenía trabajo. En esa empresa se tenían que rotar turnos y el salario era más bajo. Luego de la entrevista, me contactaron por teléfono para preguntarme si quería continuar en el proceso, pero dije que no, pensando en que había aceptado la oferta correcta. Finalmente, tomamos el camión de regreso y descansamos todo el viaje, estábamos muy cansados porque hacía mucho calor y habíamos caminado de una empresa a otra, ya que no sabíamos dónde tomar el autobús que recorría ese gran parque industrial que no conocíamos bien.

Tenía poco tiempo para conseguir un lugar donde vivir y organizar mi mudanza. En ese tiempo, un amigo que estudiaba japonés en la misma escuela también consiguió trabajo en otra empresa japonesa en el mismo estado que yo, aunque él iba a trabajar en otro puesto. Por ello, viajé con él para que buscáramos un sitio en donde quedarnos cada uno. Él también iba a empezar a trabajar la primera semana de enero, así que teníamos el tiempo encima para encontrar algo. Al final, yo acordé por correo electrónico con la empresa que me contrató que me quedaría a vivir con una traductora japonesa que trabajaba ahí mismo, ya que estaba buscando roomie, Íbamos a dividir el pago de la renta entre las dos, así que sería más barato para ambas. Fue una gran idea en ese momento porque, además, creía que me serviría para entablar amistad con ella y practicar más el idioma. Aún era un poco ilusa por pensar que todo sería tan fácil y maravilloso. Por su parte, mi amigo consiguió rentar una casa pequeña cerca del parque industrial.

Mi familia y yo tuvimos 15 días para organizar la mudanza, por fortuna solo llevaría lo necesario, ropa, zapatos, un mueble pequeño, algunos trastes, entre otras cosas. No fue necesario llevar más porque el lugar donde me quedaría ya estaba equipado con una cama y un buró, así que contratamos un taxi, donde pudimos meter todas mis cosas en la cajuela. Mis padres y mi hermana me acompañaron.

En el camino estábamos platicando y bromeando un poco para hacer menos pesado el viaje que duró aproximadamente 5 horas, mi mamá preparó sándwiches para comer en el camino. Ella estaba muy triste pues era la primera vez que estaría lejos de mi familia, yo también me sentía triste, pero a la vez estaba nerviosa y emocionada. Al llegar solo me ayudaron a bajar mis cosas y acomodarlas un poco porque tenían que irse en el mismo taxi, se despidieron de mí y todos terminamos llorando, incluso mi papá se veía lloroso y eso que él casi no muestra sus sentimientos. Mi padre pensaba que no duraría mucho porque no aguantaría y optaría por regresar al poco tiempo con ellos pero no fue así está vez.

Cuando se fueron, salí a comprar algo a una tienda cercana para cenar algo y desayunar al día siguiente.Un poco más tarde, su ausencia me alcanzó, me sentía sola a pesar de que solo habían pasado unas horas y comencé a llorar al darme cuenta de que así serían todos los días a partir de ese momento, solo me quedo ser fuerte y prepararme para el nuevo reto que me esperaba.

# Capítulo 2
# Trabajar como intérprete-traductora no fue como lo pensé

Y, por fin, al día siguiente comenzaría esta nueva etapa en mi vida, una etapa que esperé y soñé tanto tiempo. Sin embargo, bien dicen que no es bueno tener expectativas tan altas de algo o de alguien; qué acertado es decir esto. Haciendo un paréntesis, antes de hablar sobre mi experiencia como traductora, quisiera contar un poco sobre mi gran gusto por el idioma y la cultura japonesa

Todo comenzó con el anime. Y sí: al principio no tenía ni idea de que se llamaba anime y que venía de Japón; de eso ya me enteré tiempo después. Hasta ahora, Dragon Ball es mi anime favorito y tuve curiosidad de saber más sobre Japón porque me llamaba mucho la atención todo lo relacionado a esa serie y a ese país. Investigaba poco a poco, ya que no tenía computadora y solo cuando acudía a los cibercafé a hacer mis tareas podía aprovechar para indagar un poco en internet. Tiempo después conseguí una *minilaptop*, en la que vi muchas series de anime que me interesaban, o bien las que me recomendaba mi amiga de la escuela. También me gustaba escuchar música. Suga Shikao es uno de los cantantes que más me gustó; lo conocí por los *openings* y *endings* que interpretaba en una serie de anime, y hasta ahora me agrada su música. También me gusta Ayumi Hamasaki, a quien vi por primera vez en un reportaje de una revista de anime que compraba cada mes; ahorraba veinte o veinticinco pesos para comprarla sin falta. Por un largo tiempo fui muy fan de su música y me aprendí casi todas sus canciones más populares.

Mi interés por Japón fue creciendo y siempre que veía una película o una serie todo era muy llamativo para mí. Un ejemplo es la comida. Si han visto alguna película de Studio Ghibli, no me dejarán mentir: da hambre o curiosidad de probar algo cuando ves lo que comen los personajes de una forma tan realista y apetitosa aunque no tengas ni idea de los ingredientes que usan. También llaman la atención los paisajes y las calles que muestran, así como las festividades, eventos, escuelas, tiendas y otros aspectos que hacen pensar que es un lugar mágico y perfecto —sí, al menos así pensaba yo—. Del mismo modo, la tecnología y la forma de vida que muestran en los dramas japoneses y coreanos hacen soñar con vivir ahí o al menos visitar alguno de esos países.

Yo creía que todos los japoneses, sin excepción, eran amables, respetuosos, modestos, puntuales y todo lo positivo que se pueda decir, sin ver nada negativo en ellos. Por esta razón, me atraía más esa forma de ser de ellos que la de la gente de mi país. El error, por supuesto, fue mío desde el principio por idealizar algo sin siquiera vivir la experiencia; y no digo que los japoneses sean lo peor, simplemente que no es bueno generalizar a todo un país en ningún aspecto. Actualmente, disfruto y respeto cada país y cultura, pero creo que todas estas experiencias me han ayudado a querer y valorar lo positivo del mío. Mi sueño, por supuesto, era conocer Japón, y mejor aún si tenía la oportunidad de vivir ahí. Y lo logré, aunque, bueno, solo fui de vacaciones, pero sobre eso hablaré más adelante.

Por otra parte, el idioma me resultaba muy interesante y, aunque es muy difícil, me agradaba; es por eso que quise aprenderlo. Pero, bien, una vez que comencé a trabajar como intérprete, la venda se me cayó de los ojos. Al principio todo fue normal, hasta que pronto comenzaron los problemas. Sabía japonés, pero me faltaba pulirlo; además, desconocía el lenguaje técnico que se usa en la industria, por lo que sufría bastante al hacer mis primeras interpretaciones y traducciones.

Todo se intensificó cuando mi jefe comenzó a tratarme mal. Una vez me comentaron que estaba pasando por problemas familiares y que por eso tenía esa actitud todos los días, pero hasta ahora pienso que no se debe mezclar lo profesional con lo personal y, mucho menos, debes ensañarte con los demás por tus problemas. Sin embargo, a él no le importaba y cada día me gritaba y me humillaba delante de los demás; solo hablaba mal de mí. Yo lloraba todos los días y ya no quería ir trabajar, pero la necesidad,y tal vez mi estupidez, me hizo aguantar casi un año esa pesadilla.

En ese tiempo adelgacé bastante, pues no tenía apetito por todo lo que estaba viviendo, sumado a que no tenía a mi familia cerca. Fue realmente difícil. Puedo decir que tuve una recaída más en la anorexia, de la que me enfermé por primera vez cuando estaba en secundaria; aquella fue una etapa muy difícil para mí y mi familia, pero, afortunadamente, tiempo después me recuperé. Sin embargo, esta enfermedad no tiene cura, solo se puede controlar; es fácil recaer, sobre todo cuando se tienen problemas. Todos los días, camino al trabajo, sentía un nudo en el pecho y no quería llegar; incluso pensaba: «¿Y si no me presento hoy a trabajar?». A veces también me ponía a buscar otras opciones de trabajo en mi celular.

En una ocasión, mi jefe me comparó con otro traductor que había vivido más de veinte años en Japón y que ya tenía varios años de experiencia trabajando como tal. Sin ningún detenimiento, profirió:

—Él sí es un profesional, no como tú.

A esto le respondí que, entonces, le pidiera a él que le tradujera lo que necesitaba; sentí que ya era demasiado estar soportando situaciones como esas todos los días.

También hubo situaciones problemáticas con la traductora- japonesa con la que vivía, ya que su actitud era muy pesada, y, aunque desempeñábamos el mismo puesto, yo hablaba más japonés de lo que ella español. Siempre me exigía que solo le hablara en japonés porque no entendía el español.

«¿Cómo alguien así puede ser intérprete y ganar mucho más que yo?», me preguntaba siempre. Además, hablaba mal de mi país, y aun con todo esto pretendía que fuera su amiga; yo, obviamente, no estaba interesada en su amistad.

Ella quería que se hiciera lo que ordenaba. A pesar de que pagábamos por igual la renta, los derechos no eran los mismos para las dos. Una vez le pedí que le dejara quedarse a dormir una noche en el sofá a un primo mío que fue de visita a ese estado, pero se negó argumentando que no le daba mucha confianza. Yo traté de entenderlo y lo respeté, así que mi familiar se tuvo que alojar en un hotel. Sin embargo, ella invitó otro día a un amigo japonés y, cuando llegué del trabajo, estaba él solo conmigo, a pesar de que ni siquiera lo conocía. Se quedó varios días, y ella nunca me consultó si estaba de acuerdo; simplemente, no le importó.

Yo opté por llegar a encerrarme todos los días en mi cuarto y no salir más que para entrar al baño o para llevarme algo de comer de la cocina, pues incluso comía dentro mi cuarto para no tener que encontrarme con ella en ningún momento. También le afectaba que los fines de semana viajara a ver a mis padres; se quejaba de que nunca estuviera ahí y que solo me fuera; hasta llegaba a transmitir su molestia en el trabajo con otros japoneses, incluido mi jefe. No tenía privacidad alguna.

Hasta ahora no entiendo esa forma de pensar y de actuar tan desagradable que tenía.

Estaba pensando mudarme porque ya no aguantaba estar más ahí; no tenía paz ni dentro ni fuera del trabajo. Pero ella se adelantó un día y, de repente, advirtió

—Quiero que te vayas de mi casa, rápido.

Yo me sorprendí, porque ¿cómo me iba a ir de un día para otro? No tenía dónde ir, necesitaba más tiempo, pero ella insistía en que, si no me iba, me sacaría. Tuve que hablar con la empresa para hacerles saber lo sucedido, y le pidieron que me diera veinte días más para encontrar otro lugar para vivir. Afortunadamente, me mudé pronto y encontré tranquilidad, al menos al salir del trabajo. En ese momento, pensar en lo mejor de los japoneses ya estaba muy lejos de mí.

Mi inseguridad en el trabajo aumentó. Todo el tiempo estaba nerviosa y angustiada por lo que pudiera pasar si alguien me solicitaba una traducción. Había japoneses muy amables que entendían totalmente que era novata; sin embargo, otros, en especial mi jefe, no tenían interés en entender la situación. Sé que en el trabajo se deben dar resultados, pero creo que, si hablamos de ser eficientes al ciento por ciento, muchos se quedarían desempleados. Además, al recibir malos tratos, las personas que tienen las ganas de superarse se desaminan por completo y pierden el interés. Ese era mi caso.

Acudía a Recursos Humanos para exponer mi situación —que, en realidad, era más que evidente—, pero no tuve éxito alguno: siempre excusaban las malas actitudes y acciones de mi jefe. Además, si hablaban con él, era como cuando una madre regaña a su hijo por hacer algo indebido diciendo solamente «no hagas eso» con un tono suave y desinteresado. Incluso una vez me pidieron que lo comprendiera porque no había dormido más que dos horas y era por eso que estaba de tan mal humor ese día. Estaba tan cansada de que justificaran su comportamiento que me importó un carajo lo que me dijeran en ese momento, yo tampoco podía dormir por todo el *bullying* laboral por el que estaba pasando, pero no me desquitaba con nadie al día siguiente.

Aguanté hasta que un día decidí que ya era suficiente. Esa tarde tenía que interpretar la junta mensual de calidad, pero no estaba segura de si podría hacerlo sola; era una de las juntas más complicadas para mí en ese entonces e incluso también para los intérpretes nativos japoneses. Por supuesto, mi jefe iba a estar presente. Él acostumbraba a gritarme en público, así que opté por decir que no lo haría y expuse mis motivos a la gerencia. Me encontraba totalmente debilitada y con la autoestima hecha polvo , por lo que les dije que lo mejor sería que me fuera y renunciara.

En ese momento, una de las intérpretes del Área de Recursos Humanos, que me apoyaba bastante con vocabulario técnico, me dijo que no me fuera y que hablaría con el director de la empresa para que me cambiaran a otra sección. Me negué varias veces, pero, al final, acepté; estaba muy confundida en ese momento. Ella era amable, pero también muy directa en ciertos comentarios. Su amabilidad se mezcló con comentarios como «Si te vas, no encontrarás otro trabajo; nadie te va a querer contratar con ese nivel que tienes». Tiempo después pensé: «Entonces, ¿por qué me querían retener?».

Al día siguiente, me iban a transferir a la nueva sección en otra planta que estaba en la misma empresa, pero mis ánimos estaban en el suelo; por tal razón, solicité tres días de descanso para reponerme. Pensé en ir a casa de mis padres para desahogarme un poco y así lo hice. Por supuesto, mi ahora exjefe se molestó porque pidiera esos días, pero fue el último berrinche que pudo hacer, al menos conmigo. Meses después, mis anteriores compañeros de trabajo me contaron que la nueva -traductora estaba pasando más o menos por la misma situación que yo, a pesar de que ella era japonesa. Cuando platiqué con ella una vez que la cambiaron de área, me contó que también le gritaba todo el tiempo y que incluso en una ocasión le llegó a golpear el pie al patear una mesa en uno de sus habituales arranques, razón suficiente para ya no querer seguir ahí.

Al principio creí que ese señor me trataba así porque no le gustaban mis traducciones, pero luego entendí que se ensañaba con las personas que se lo permitieran. Recuerdo que siempre me amenazaba con cancelar mi contrato temporal. Como saben, en los trabajos te prueban por tres meses antes de decidir si te dan el contrato de planta o indeterminado, pero él solicitó que me extendieran el contrato temporal en dos ocasiones, así que esos tres meses se convirtieron en nueve. Al final, le dije que hiciera lo que quisiera con su contrato y que si quería despedirme ya no me importaba; creo que es comprensible que nadie aguante tanto.

Pero, bien, retomando lo anterior, pasados los días de descanso que solicité y teniendo que volver a la realidad, me dirigí al trabajo. Recuerdo que, cuando caminaba hacia mi nuevo sitio, pensaba en dar la vuelta y mandar todo al carajo; no me sentía lo suficientemente fuerte aún para enfrentar ese nuevo reto, pero al final lo hice. Al llegar, mi nuevo jefe me trató de forma muy fría y algo grosera porque tenía malas referencias de mí por mi exjefe. Además, en ese momento, el presidente le comentó que me incorporaba a su área para traducir y que tenía muchas ganas de mejorar y de prepararme más para llegar a ser tan buena como otra de las intérpretes que daba soporte por temporadas a la empresa, quien era muy hábil traduciendo. A esas palabras, mi nuevo jefe, con una expresión incrédula, respondió:

—Tendrán que pasar diez años para que sea como ella.

Yo, por supuesto, me sentí muy mal en ese momento por el comentario, pero no dije nada.

En esa planta había mucho personal de soporte que era japonés; por lo tanto, tendría mucho trabajo. Allí me enfrenté con otros problemas. En ese sentido, tengo que mencionar que una más de mis pesadillas en esa empresa fueron dos "intérpretes". Una de ellas era la chica con la que viví, y que, para mi mala suerte, cambiaron a esa misma planta antes que a mi, así que me la volví a encontrar, de la otra me había librado con el cambio de sección, al menos eso fue bueno, porque a ella le encantaba hablar en voz alta, excepto cuando traducía : ahí bajaba la voz lo más que podía, por lo que no se escuchaba nada de lo que decía, pero nadie se quejaba. Además, esta chica siempre llegaba tarde para no traducir la junta matutina que se llevaba a cabo después de la rutina de ejercicios llamada radio taiso, la cual se suele practicar en empresas japonesas, o bien faltaba a menudo al trabajo.

Aun así, ambas chicas decían que yo no sabía interpretar ni traducir, pero, al parecer, no se daban cuenta de cómo lo hacían ellas; siempre estaban al pendiente de lo que yo hacía para que, en el momento que creyeran adecuado, fueran a quejarse respecto a mi trabajo según su criterio. Tuve que aguantar muchas situaciones complicadas hasta que la «traductora » que se encontraba en la misma planta que yo decidió renunciar; entonces tuve un respiro momentáneo.

Debo decir que después también tuve buenas experiencias. En los meses siguientes mejoré mis traducciones e interpretaciones, y con ello aumentó la confianza en mí. Tuve apoyo regular de otros intérpretes de habla hispana que llegaban de Japón y aprendí más vocabulario y nuevos estilos de traducciones en una época en la que había mucha solicitud de trabajo. No olvido un día en especial, en el que los japoneses hacían fila para esperar su turno para que los apoyara con traducciones o interpretaciones; me sentí feliz ese día.

Los japoneses que estaban ahí me tenían más paciencia e incluso me apoyaban cuando no entendía algo. En una ocasión, uno de ellos en específico me dijo:

—Ánimo, sigue preparándote, porque lo estás haciendo bien. Ten confianza en ti. Nadie hace su trabajo perfecto, todos se equivocan, así que no te preocupes —escuchar eso me motivó mucho a seguir adelante.

Desde que me transfirieron a esa área tenía que traducir, entre otras cosas, las videoconferencias con Japón para tratar temas del sistema de control de inventarios. En un comienzo no quería hacerlo porque el vocabulario era bastante complejo, pero con el tiempo mejoré bastante, y no era algo que me preocupara tanto. Me ayudó mucho que los japoneses encargados de esa área fueran muy amables conmigo. Cuando iban a México por una temporada para dar soporte, me enviaban un correo días antes para preguntarme qué quería que me llevaran, y yo siempre les pedía dulces. Además, cuando estaban ya en México, nos invitaban de vez en cuando a comer a los traductores y a un consultor externo que también contrataron por una buena temporada para capacitar al personal interno; se preocupaban de que me alimentara bien, y es que se me notaba físicamente que aún no estaba recuperada.

En una ocasión, uno de los traductores organizó una salida a comer solo para tres de nosotros. Bueno, por supuesto, también invitó a un consultor de sistemas, un señor muy amable que se estaba hospedando en un hotel, pues su familia vivía en otro estado. Su trabajo consistía en dar soporte a diferentes empresas que lo solicitaran por contrato temporal en cualquier estado de la república e incluso en EUA; por tal razón, casi siempre estaba lejos de su familia, igual que yo, así que nos acompañaba regularmente. Entonces, aquel día fuimos a un pequeño restaurante de comida japonesa. Su especialidad era el *okonomiyaki*, conocido también como la *pizza* japonesa, que es una tortilla de huevo y harina con varios ingredientes cocinados a la plancha; no me encanta su sabor, pero de vez en cuando me apetece pedirlo. Vaya que tuve mala suerte aquel día, porque el objetivo del compañero que nos invitó era que yo comiera, pero justo en mi plato encontré un cabello, por lo que ya no quise comer; no le dije a nadie porque tuve pena en ese momento, pero la convivencia fue agradable.

También fuimos otro día a un restaurante de comida coreana. En esa ocasión nos invitó un japonés, que era muy alegre y le gustaba conversar bastante; es raro que sean tan abiertos sobre todo con extranjeros. Esta vez, el objetivo era el mismo: que yo comiera bien. Pidió muchas cosas del menú, y le dije que era demasiado, pero me contestó:

—No te preocupes, tienes que alimentarte bien, aún eres joven.

Lamentablemente, fueron contados los momentos como estos en los que sentí que los demás me querían ayudar a estar bien; sabían lo que me había pasado con mi jefe anterior y tampoco estaban de acuerdo con el trato que me dio, sin embargo, no hablaban del tema conmigo solo querían enmendarlo de alguna forma, o me daban ánimos cada que podían.

En mi trabajo, una de las cosas que más me gustaba interpretar eran las capacitaciones en piso, me las solicitaban de manera continua. Me sentía más tranquila y con libertad de preguntar lo que fuera necesario para hacerlo bien; además, en caso de no entender algo, me apoyaba en los diccionarios de páginas web. Era muy diferente a la presión que se siente al interpretar en una sala de juntas con todos los presentes mirandote. Un día también me felicitaron después de una reunión de auditoría para certificación. Me dijeron que habían entendido todo claro y que lo había hecho mejor incluso que otros traductores que acompañan a los proveedores o clientes. Me impresionó porque no me esperaba ese tipo de comentario al final de la junta.

Cuando creía que todo estaba marchando mejor, de un momento a otro dejaron de llevar a los traductores de soporte de Japón, y me quedé sola. Era mucho trabajo, no me daba abasto con todo, y lo peor es que mi jefe me preguntó:

—Tú puedes con todo, ¿no?

Ni siquiera querían aumentarme el salario, así que, obviamente, no acepté y le dije que, entonces, tenían que contratar a alguien más porque yo no podía hacerme cargo de toda sola. Me pedían traducciones escritas y habladas todo el tiempo, todas las áreas; a todos les urgía.

Fue una época de mucho estrés, hasta que, por fin, contrataron a alguien más. No sé qué es lo que pasaba que nunca tuve una buena relación laboral con los traductores fijos con los que trabajé; siempre fueron muy complicados. La persona que llegó era local, pero era bastante creída. Presumía con todos del nivel de japonés que creía tener, vaya que tenía la autoestima por los cielos, y se la pasaba corrigiendo a todo el mundo, incluido a los propios japoneses. Por ejemplo, un día hicieron una junta repentina por algo que ocurrió, y ella no pudo comunicar lo que se dijo , así que lo hizo un japonés que hablaba muy bien el español; aun así, al final señaló:

—Lo hizo más o menos.

Por supuesto, esta chica opinaba lo peor de mí y decía que mis traducciones e interpretaciones eran malas. Una vez le dio una queja a su jefe acusándome de que había hecho mal una junta, y él, obviamente, le creyó y fue a hablar con mi jefe. Este me regañó y me pidió que, si no entendía algo, era mejor que lo dijera en su momento para evitar hacerlo mal. Me enojé con toda razón, porque sé que lo hice bien. Desde ahí, por culpa de esa persona tan tormentosa, nuevamente no podría hacer bien mi trabajo.

Hasta ese momento no había quejas de mí de ningún japonés ni tampoco del staff mexicano, pero esta traductora llegó a extender su forma de pensar a los demás. Se quejaba de todo; también del salario que percibía. Decía que era muy bajo y que no era justo porque ella sabía inglés, además de japonés; sin embargo, personalmente, nunca la escuché hablar en inglés, a pesar de que hubo oportunidades para ello, ya que, de manera frecuente, llegaban soportes de EUA. También se quejaba del bajo nivel que, según ella, tenían los demás para desempeñar su trabajo y para escribir bien; siempre mencionaba que no podía traducir lo que le pedían porque no entendía lo que estaba escrito. Es más, también se quejaba del comedor porque no le daban una ración justa de acuerdo a su apetito.

Una vez conversé con una persona de Recursos Humanos, quien me explicó que estaban hartos de ella porque en una ocasión fue a arrebatarles su contrato de trabajo y les dijo que, si no le subían el salario, se iría de la empresa, cosa que, a fin de cuentas, sucedió: terminó renunciando. Por ello, comenzaron a buscar otro traductor. Yo deseaba que esta vez fuera diferente, pero no fue así. Contrataron a una persona nikkéi, y, aunque yo veía que hablaba sin problemas español y japonés, no entendí por qué a veces no quería traducir. Su salario, por supuesto, era casi el doble que el mío, pero se negaba a hacer su trabajo; entonces, terminaban solicitándomelo a mí. Esto ocurrió tantas veces que yo ya estaba cansada de lo mismo; a mí siempre me obligaban a cumplir con mi trabajo, pero a otros les daban la libertad de no hacerlo. En realidad a mí no me gusta estar sin hacer nada en el trabajo porque el día se pasa eterno y estaba consciente de que todo me podía servir para aumentar mi experiencia, pero aun así sentí que era muy injusto. Si tan solo en su momento me hubiera armado de valor para denunciar todo lo que había vivido en esa empresa, otra historia hubiera sido.

Desafortunadamente, con el tiempo dejó de venir el personal de soporte y los empleados expatriados comenzaron a volver a Japón; además, el trabajo disminuyó de forma considerable. Yo tenía otras actividades fuera de la traducción, como el control de la documentación de mi sección de trabajo y la gestión de insumos de papelería y cafetería de la planta; aun así, tenía bastante tiempo libre. Me sentía estancada, así que comencé a buscar trabajo, pero no de manera formal.

Poco después llegó el momento en que decidí renunciar sin tener otra opción en puertas. Fue luego de cumplir unos días de permiso por incapacidad debido a una operación en uno de los dedos de la mano por un accidente que tuve fuera de la empresa. El ambiente de trabajo ya era muy pesado y las decisiones sin fundamento que tomaban los jefes de área eran demasiadas, por lo que supe que era hora de dejar ese empleo y buscar uno nuevo.

Pero mi situación personal no fue sencilla las semanas siguientes. Sentía que algo no estaba bien y, claro, meses después me di cuenta de que estaban saliendo a flote las consecuencias de todo lo que había pasado en ese trabajo durante cinco años. Tuve un cuadro de ansiedad y depresión por un buen tiempo, así que dejé de buscar trabajo y me dediqué solo a terminar mi carrera profesional de forma *online*. Ya la tenía avanzada a la mitad, pero no avanzaba como debía por la prioridad que daba a mi empleo. No lo he mencionado antes, pero por fin estaba estudiando la universidad después de varios años. Elegí Ingeniería Industrial por tener experiencia laboral en la industria; pensé que sería un buen plus en mi carrera aunque ahora no se si fue lo más adecuada esa decisión. El tiempo que estuve en casa me ayudó mucho a recuperarme, igual que la terapia psiquiátrica. Creo que ahora es de lo más normal y, en ciertos casos, necesario visitar a un psicólogo o psiquiatra, dado el estilo de vida tan estresante que se lleva en la actualidad.

Una vez que pasó el tiempo que consideré necesario para recuperarme y con la carrera terminada, decidí que era momento de volver a buscar oportunidades laborales en las que pudiera combinar mi experiencia como intérprete-traductora y mis estudios universitarios. Sin embargo, no fue tan fácil; creí estar preparada para traducir nuevamente, pero me equivoqué. Me llegaban ofertas de trabajo que terminaba rechazando por el sentimiento de inseguridad que me hacía retroceder lo que ya había avanzado.

Está claro que mejoré en muchos aspectos, pero quizás en ese no; el pavor a equivocarme o no saber algo al momento de interpretar algo frente a una junta o ante cualquier situación me quedó en la mente. Yo sé que los demás me dicen siempre que puedo hacerlo. Además, sé que soy capaz, porque las entrevistas en japonés las paso con éxito a pesar de que me inundan los nervios, y ya tengo experiencia y más fluidez con el idioma. Sin embargo, está siendo muy difícil para mí seguir dedicándome a esto. Pienso, sin duda, que ese primer trabajo me arruinó por completo, pero ahora solo depende de mí superar este obstáculo, creer siempre en mí y seguir adelante. Es importante tener siempre presente que nadie, absolutamente nadie, merece que lo traten mal en el trabajo, así no sepas nada; es algo que no se debe permitir en ninguna circunstancia.

# Capítulo 3
# Para ti, ¿en qué consiste la labor de un intérprete traductor?

Mi respuesta sería que la labor de un intérprete consiste en ser el puente de comunicación entre dos o más personas que hablan un idioma distinto para que puedan intercambiar ideas, puntos de vista e información. Por supuesto, es importante escuchar con atención lo que se quiere transmitir para así dar el mensaje de forma correcta, además de preguntar para confirmar que se recibió el mensaje adecuadamente en los casos que se consideren necesarios. El trabajo de un intérprete es complicado, ya que, si se transmite de forma errónea, la información puede repercutir de muchas maneras.

Pero, al estar en este tipo de trabajo, se aprende poco a poco que es complicado interpretar o traducir entre dos culturas tan distintas, con costumbres y forma de vida diferentes; esto genera una barrera para una comunicación óptima en muchos casos. Como traductor, el hecho de conocer mejor ambas formas de pensar es importante para transmitir de manera correcta lo que la otra persona desea comunicar.

Al igual que de forma escrita, es importante dedicar el tiempo necesario para traducir bien el mensaje o texto, respetando la gramática y el orden. En ese sentido, considero que es adecuado respaldarse de un diccionario electrónico o físico para consultar palabras que se presenten y no se conozcan. En ocasiones, las personas creen que todo tiene traducción literal; es un poco complicado explicarlo, pero es que hay palabras o frases que se usan de forma diferente en cada país o, simplemente, hay cosas que no tienen traducción. Y, aunque es posible buscar una frase o palabra con un significado similar, eso no garantiza que lo van a entender de la misma forma. Por ejemplo, en Japón no se dice «salud» después de que alguien estornuda o «provecho» a alguien que se encuentra comiendo. Así que ya saben: no todo tiene traducción literal.

Las diferencias culturales afectan al momento de expresar ideas o puntos de vista, por lo que, aunque se haga una interpretación perfecta, puede que surjan dudas o no se entienda bien a lo que la otra persona quiere llegar. Si hay diferencias hablando en el mismo idioma, imagínense cómo en uno distinto puede ser mucho más complejo.

Por otra parte , en ocasiones me ha tocado encontrarme con personas que piensan que te puedes grabar todo lo que dicen para después comunicarlo sin problema; sin embargo, no dan pausas que permitan transmitir la información poco a poco. Yo tuve que aprender  a pedir esas pausas. Por supuesto, al dedicarse a algo así es importante tener buena capacidad de retención, pero no de todo un discurso; por ello, es necesario apoyarse mucho de libretas para hacer anotaciones importantes de palabras que puedan servir de unión para recordar lo que dijeron y transmitirlo sin problema. También he llegado a encontrarme con personas que piensan que alguien no traduce bien porque su jefe les llaman la atención por no hacer bien su trabajo o por no tener idea de lo que deben hacer, así que, simplemente, es más fácil culpar al traductor. Pero, bueno, al final esto provoca que uno mismo se evidencia en el trabajo.

Hablando un poco de la cultura laboral, los japoneses no están muy acostumbrados a lo que en México solemos conocer como *chorear*, sino que prefieren que las cosas vayan al punto sin darle tantas vueltas. Eso se vuelve un problema al traducir, porque en ciertas ocasiones no entienden a dónde quiere llegar la otra persona al decir tantas cosas que no siempre tienen relación con lo que se les está preguntando. También son puntuales en todo momento, y ya sabemos que la puntualidad no es algo que se le dé a muchos mexicanos; claro, no me refiero a todos, pero, cuando se llega tarde, se suele dar toda una explicación del motivo. Ellos, por el contrario, solo dicen «Una disculpa por llegar tarde» o «Lo siento, llegué tarde porque hubo tráfico». Para ellos no tiene sentido excusarse tanto. Lo que sí es un hecho es que son muy cuadrados en su forma de pensar, lo que choca muchas veces con la forma en que piensan en otros países; es raro el japonés que es accesible al aceptar razones o ideas de un extranjero.

La palabra *ahorita* también se vuelve un problema. Para nosotros, esa palabra no tiene periodo de tiempo específico: puede ser justo ahora o nunca. Entonces, cuando la mencionamos en una traducción, obviamente, los japoneses dan por hecho que se hará al momento; por ello, si esto no ocurre, se preguntan el porqué. Se hace complicado explicarles cada vez el sentido que se le da a esa palabra, por lo que, para evitar confusiones, yo he optado por pedirles que sean más específicos con el momento en el que harán cierta actividad. Como este hay un sinfín de detalles que se pueden presentar, lo que hace que este trabajo sea complejo y estresante, pero, sin duda, tiene sus partes interesantes.

# Capítulo 4
# Mi experiencia con otros intérpretes-traductores

Desde que comencé a dedicarme a la traducción he conocido a varios intérpretes, algunos muy accesibles y sencillos en el trato, y otros bastante creídos. Debo decir que, en especial, los que han tenido oportunidad de vivir en Japón o los que tienen ascendencia japonesa son los más difíciles de tratar y, en ocasiones, se creen perfectos. No son todos, obviamente, pero a mí al menos me tocó que la mayoría fueran así. Es fácil para ellos hacer de menos a alguien que no ha tenido las mismas oportunidades, pero, en mi caso, lo que sé del idioma japonés, sea poco o mucho, lo logré estudiando dentro de mi país durante cerca de solo dos años, antes de comenzar a trabajar como traductora. Hasta ahora, los japoneses que saben esto se impresionan y me dicen que tengo buen nivel dada mi experiencia con el idioma.

Es curioso que sobre todo muchos nikkéis o japoneses que hablan bien el español no se dedican a traducir; la mayoría lo hicieron alguna vez, pero optan por trabajar en rubros diferentes, como en agencias de reclutamiento y selección de personal. Quizás sea porque no es nada fácil este trabajo y prefieren evitar ese estrés.

Sin embargo, a pesar de lo que sean como personas, he admirado la facilidad que algunos de ellos tienen para interpretar. Comenzaré en el orden en que los conocí. Al primero lo conocí durante un pequeño trabajo que efectué antes de ingresar a trabajar en la industria automotriz. Fue en un evento que llevó a cabo una empresa dedicada a la música, cultura, moda y entretenimiento de Asia en México. Me contactaron gracias a la recomendación de una amiga que es diseñadora y que trabajaba para esta empresa.

En esa ocasión iba a llegar una banda de visual kei para dar un concierto, así que me preguntaron si estaba interesada en que me contrataran por unos días para apoyar con la interpretación. Yo acepté sin pensarlo: parecía una experiencia única y emocionante. Y así fue. Viajé hasta la capital con mi amiga y fuimos a recoger a los integrantes de la banda al aeropuerto junto con el staff de la empresa. Una vez que llegaron, nos presentamos y los llevamos hasta el hotel en el que se hospedarían, donde algunos blogueros los entrevistaron.

Ahí fue donde llegó uno de los intérpretes que se encargaría de apoyarlos. Él hablaba muy bien español e inglés, y traducía simultáneamente sin problemas. Cuando finalizaron las entrevistas, como yo había estado presente escuchando, le dije que esperaba llegar a ser como él algún día y le pedí algunos *tips*, pero no tuve éxito. Parece que no estaba interesado en darme consejos de estudio y, aunque fue amable con todos, también fue muy cortante. Como yo quería continuar trabajando como traductora y estaba buscando oportunidades, recuerdo que, tiempo después, intenté comunicarme con él para decirle que, si tenía alguna recomendación de trabajo para mí, no dudara en decirme; sin embargo, nunca recibí una respuesta suya.

Los tres días que estuve apoyando a esta banda japonesa fueron muy emocionantes. Una noche los llevamos a cenar a un restaurante de comida mexicana; aún conservo la foto que tomaron con todos sentados en la mesa. Al día siguiente los llevamos a conocer sitios de interés en la Ciudad de México, como el parque de Chapultepec. Para llegar tomamos un autobús y también el metro. Ese día se perdió por un momento uno de los integrantes, quien se bajó en una estación equivocada, pero nos volvimos a encontrar con él muy rápido; sin duda, están acostumbrados a usar el tren, porque es el medio de transporte más usado en Japón. Una vez que llegamos a Chapultepec probaron los chapulines tostados que venden en bolsitas, les pareció algo interesante y curioso. No pudimos llevarlos a conocer las pirámides de Teotihuacán, que tanto querían conocer, por el poco tiempo del que disponíamos, pero por la noche fuimos todos a un restaurante japonés.

Al día siguiente fue el concierto. Mi amiga y yo estuvimos desde temprano asistiendo a la banda en lo que necesitaran. Ese día también fue un rato el otro intérprete, quien estuvo apoyando durante las pruebas de sonido. Después de esto, se fue y me dijo:

Te lo encargo, tú puedes.

Por fortuna, todo salió bien. Antes del concierto se llevó a cabo un *meet and greet*, después del *show* los llevamos a cenar y al día siguiente los trasladamos al aeropuerto.

Fueron días agotadores para mí, pero valió la pena. Todos fueron muy amables y conversé, en especial, con el guitarrista y líder de la banda, quien incluso me agregó en su Facebook personal. Además, tiempo después me escribió para decirme que regresarían a México y que sería bueno si yo les apoyara nuevamente; sin embargo, le respondí que no me era posible porque estaba trabajando de forma fija en una empresa que quedaba algo lejos de la capital. Él me contestó que esperaba que en un futuro sí fuese posible y que, si viajaba a Japón en alguna ocasión, le escribiera para que nos reuniéramos. Fue muy amable y cordial de su parte. Sin duda, creo que hice un buen trabajo y que ellos también lo valoraron. Me comprendieron totalmente cuando les dije que era novata y que aún estaba aprendiendo, pero que también tenía muchas ganas de mejorar cada vez más; ellos me animaron a continuar.

A la siguiente intérprete la conocí en la empresa automotriz en la que laboré cinco años, en la época donde el trabajo era muy demandante. Ella vivía en Japón y fue a México en varias ocasiones para dar soporte durante algunas semanas. Su nivel del idioma era muy bueno. Al escucharla, me daba cuenta de que su forma de hablar japonés era muy sencilla y fácil de entender, pero yo no podía hacerlo de la misma forma dada mi experiencia en ese momento.

Hasta ahora pienso que vivir durante años en otro país, donde se habla una lengua distinta a la nuestra, es una gran ventaja para dominar ese idioma. Aunque alguien me mencionó alguna vez que eso no tiene nada que ver, yo considero lo contrario. Si realmente tienes ganas e interés en aprender el otro idioma, por supuesto que se vuelve más fácil, ya que lo escuchas, lo ves y lo lees en todas partes, a menos que no te interese o no sea lo tuyo, caso en el que pueden pasar muchos años sin que lo aprendas.

Por fortuna, ella me apoyó en muchas ocasiones y me dio *tips* de traducción y vocabulario nuevo. Nos llevamos bien a pesar de las diferencias de edad y de las distintas formas de pensar. Yo la veía muy «japonizada», aunque considero que es normal porque hizo su vida en ese país, donde se casó y tuvo hijos. Su país de origen es el Perú, pero desde muy joven se fue a vivir a Japón. Lo sé porque me compartió parte de su historia Recuerdo que fuimos varias veces a comer juntas y que siempre me llevaba dulces japoneses cuando iba a México.

Luego también conocí en ese mismo trabajo a otro -intérprete, quien, al igual, venía a dar soporte desde Japón por temporadas y también es del Perú. Debo decir que al principio me caía un poco mal, pero, al tratarlo más, comenzó a caerme bien. Siempre mostró ser una persona muy dedicada a su trabajo y, aunque traducía muy bien, me contó cuánto le costó lograrlo. Él, a diferencia de otros, no eligió dedicarse a eso: la vida lo obligó, ya que sus padres lo llevaron a vivir desde joven a Japón y tuvo que adaptarse a esa nueva vida. Le fue muy difícil aprender el idioma y sufrió mucho *bullying* en la escuela y en su trabajo. Al comienzo casi no tenía amigos japoneses; más bien, tenía amigos de la comunidad latina en ese país. La verdad es que me ayudó mucho con dudas que tenía en el vocabulario técnico y me dio soporte cuando no podía traducir algo.

Después conocí a un intérprete mexicano durante una visita a otra empresa. Era un cliente. En aquella ocasión hubo una queja por material defectuoso y me pidieron acompañarlos para dar soporte; aunque no traduje mucho, me sirvió como una buena experiencia. Ese día llamaron a su «traductor estrella», así era como lo denominaba al menos la persona del Área de Calidad que estaba como encargada del tema que se iba a tratar. Después supe por qué lo llamaban así: era capaz de interpretar sin ningún problema simultáneamente y con una velocidad increíble. Incluso se daba el lujo de decirles a los demás «Habla bien, porque no entiendo lo que dices; no tiene sentido» y «Rápido, ¿qué más quieres que traduzca?, porque me tengo que ir a atender otra solicitud». En ese momento pensé: «¡*Wow*, quiero ser así alguna vez!». Además, le dije que admiraba su facilidad para hacer este trabajo tan complicado, pero, como tenía prisa, solo me sonrió y se fue.

Por último, quisiera mencionar a dos intérpretes, pero no del idioma japonés, sino del chino. Ellos trabajaron por una temporada para la empresa en la que estuve, ya que se necesitaba el soporte de intérpretes de ese idioma porque se estaba instalando maquinaria china. Primero estuvo uno de ellos unas semanas y después lo relevó el otro. Todos platicamos con ambos en ocasiones y era impresionante el nivel de dominio que tenían del español. Lo hablaban como mexicanos, no se notaba el acento de su país. Conocían muy bien los regionalismos y las groserías que se usan en México, y sabían cómo usarlas; bueno, creo que es lo primero que se aprende últimamente cuando se quiere hablar otro idioma.

Cuando le pregunté a uno de ellos cómo había logrado tener ese nivel, me explicó que había estudiado español en una universidad de China. Él escogió aprender nuestro idioma. Me contó que las clases eran bastante estrictas y tenían que memorizar libros y diccionarios completos; además, veían películas o videos totalmente en español, y luego tenían que escribir lo que habían entendido y explicarlo durante la clase, por supuesto, en español. De esa forma aprenden así de rápido. También me comentó que, desde luego, ese ritmo de estudio es complicado y muy cansado, ya que no les permite tener vida social, pero vaya que tiene buenos resultados.

Como tal, no hay una carrera para formarse como intérprete-traductor, al menos en México; simplemente, aprendes el idioma y te dedicas a ello. También es posible certificarse como perito traductor. Cierto es que no es nada sencillo desempeñarse como tal, pues no es lo mismo hablar un idioma que traducirlo, porque debes transmitir ideas diferentes de otras personas; no es tal cual lo que a uno mismo se le viene a la mente y lo dice, sino que debes estar preparado para lo que los demás quieran expresar.

Además, el vocabulario usado cambia de forma considerable según el trabajo que efectúes, incluso en empresas del giro automotriz. Es distinto de empresa a empresa; es como aprender ciertas cosas del idioma desde cero cada vez. En el caso del anime o manga es similar: hay algunas palabras que los mismos creadores inventan para su historia y traducirlas resulta muy difícil, por lo que es necesario investigar a fondo y conocer la historia para saber a qué se refiere el autor. Por lo tanto, a menos de que estés certificado o especializado en esa rama especifica, debes actualizarte de manera constante en tecnicismos. Pero eso es muy normal, así como cuando no entendemos el lenguaje médico, aunque sea en nuestro mismo idioma; simplemente, que seamos traductores no significa que lo conozcamos todo.

En el caso del idioma japonés, hay una serie de certificaciones que se pueden obtener. La más conocida en México es la certificación JLPT (Japanese-Language Proficiency Test, o bien Nihongo Nōryoku Shiken), como lo es el TOEFL (Test of English as a Foreign Language.) para el inglés. Este examen de conocimientos tiene cinco niveles, entre los cuales el N1 es el más complejo. Recuerdo que mis compañeros de clase y yo solíamos llamarlo nivel *kamisama* (nivel Dios) por ser el más difícil de superar. En la actualidad, para trabajar como traductor suelen solicitar el nivel N3 o N2, aunque debo decir que lo que más cuenta al final para obtener un empleo es el dominio y la fluidez en el idioma al momento de la entrevista. No muchas personas que estudian japonés se atreven a ser traductores; además, incluso hay mucha rotación, pues, constantemente, las empresas buscan cubrir ese puesto.

# Capítulo 5
# Los kanjis y lo que más se suele dificultar al aprender japonés

El idioma japonés está formado por dos sistemas de escritura. El primero es el *kana*, que se divide en *hiragana* y *katakana*, son silabarios que se componen de palabras compuestas, en lugar de letras sueltas (con excepción de las 5 vocales y la letra *n*). El segundo sistema de escritura son los *kanjis*.

El hiragana consta de 46 caracteres, 5 vocales y 41 sílabas conformadas por una consonante y una vocal. Lo aprenden los niños para escribir, leer y comprender palabras de origen japonés. El *katakana* también tiene 46 caracteres y se utiliza para escribir palabras prestadas de idiomas extranjeros, como nombres de personas o lugares, y para las onomatopeyas (sonidos de objetos y animales).

Además de los mencionados, también está el romaji, en el cual se hace uso del alfabeto latino para pronunciar y escribir las palabras en japonés. Es de mucha utilidad cuando se comienza a estudiar.

Es curioso que al inicio de los cursos haya muchas personas que desean aprender japonés, pero conforme van avanzando se desaniman y lo dejan de estudiar. Esta situación es muy comprensible, porque la complejidad del idioma es considerable. Sin duda, una de las cosas que más se dificultan son los kanjis. Pero ¿qué son los *kanjis*? Pues bien, son caracteres de origen chino que fueron adoptados en Japón para escribir su lengua. Tienen una lectura fonética (pronunciación), pero a la vez son ideogramas; además, tienen dos o más maneras de leerse, dependiendo de los otros kanjis que los acompañan. Los que se consideran básicos para leer y escribir sin problemas son un poco más de 2000, pero para el caso del idioma japonés son más de 6000 en total. Por ello, no son nada fácil de memorizar; incluso los propios japoneses no los dominan todos.

Claramente, es más sencillo aprender un idioma que tenga un sistema de escritura similar al que utilizamos. Pienso que para los extranjeros es comprensible que no se dominen del todo los *kanjis* y tengamos que recurrir a consultar los que no sabemos o no recordamos en aplicaciones, páginas web, diccionarios y otros. Aun así, he vivido situaciones en las que exigen la perfección en el conocimiento de *kanjis* como a los nativos para darte un empleo; sin embargo, a los japoneses sí los aceptan con sus deficiencias en el idioma español, algo que considero demasiado irónico e injusto hasta ahora.

El proceso de aprendizaje de los kanjis es lento y duradero. Claro, habrá personas que avancen más rápido que otras, pero eso depende de la facilidad que tenga cada uno para aprender otro idioma. Por eso, uno no se debe comparar con los demás y debe tomarlo con calma, ya que hay personas que se agobian y quieren aprenderlos rápidamente; así me pasó a mí en alguna temporada.

Por supuesto que es de suma importancia aprender la lectura y escritura de los kanjis, sobre todo si eres traductor, pero el hecho de no saberlos todos no significa ser incapaz de traducir bien un documento, ya que se dispone de muchas herramientas para hacer consultas en cualquier momento. En mi caso nunca tuve problemas con las traducciones escritas que me solicitaban.

Recuerdo que, en una ocasión, unos traductores japoneses dijeron:

—¿Para qué utilizar los artículos al momento de hablar y escribir el español?

Según ellos, los artículos no eran necesarios porque sin estos ya se entendía bien al hablar y leer. Al principio me pareció gracioso, en el sentido de pena ajena al escuchar algo así, y pensé: «¿Por qué se sienten con la libertad de hablar de lo que es correcto o no en mi idioma?». Y es que, al omitir los artículos, lo que dices se escucha raro y sin sentido, pero de igual forma les respondí que a lo que yo no le veía mucha lógica era a usar tantos símbolos complejos al momento de escribir en japonés. Sin embargo, yo tenía que usarlos y aprenderlos bien, así que, de la misma forma que ellos exigen buenas traducciones en japonés, pues lo correcto es que también hagan lo mismo en el español.

Siguiendo con el tema gramatical, otra de las cosas que se complican más cuando aprendes japonés son las partículas, ya que es confuso saber cuál es la correcta para usar de acuerdo con lo que quieres transmitir; pero, con el tiempo, a través de la práctica se domina cada vez mejor. Por el contrario, puedo afirmar que hay algo fácil. Me refiero a los tiempos verbales, ya que solo son tres: presente, pasado y futuro. Además, los verbos son fáciles de conjugar y se usa igual la conjugación del presente que la del futuro; se puede saber el tiempo en el que se está hablando con el uso de adverbios. Quizás, los verbos más complicados suelen ser los irregulares o bien los del grupo II.

Con respecto a las formalidades, dominar el *keigo* o lenguaje formal es como volver a aprender el idioma. Los verbos cambian, se usan prefijos honoríficos en ciertas palabras y hay varios tipos de *keigo*; además, al hablarlo se debe mantener el lenguaje formal todo el tiempo, es decir, no se debe mezclar con el japonés estándar o informal. Este lenguaje se usa sobre todo para referirnos a nuestros superiores en el mundo laboral, pero es comprensible que los extranjeros no lo utilicen debido a su complejidad, algo que los japoneses entienden perfectamente; no lo toman a mal, ni mucho menos. Por tanto, es correcto la forma estándar al dirigirnos a ellos.

Al escribir y hablar, el orden de las palabras y la pronunciación en algunos casos es complicado; es un idioma que lleva el orden contrario al español. La letra l no existe; esta se cambia por la r para las palabras de origen extranjero escritas en *katakana*. Además, no se usan artículos como en el español y tampoco existe el género gramatical (masculino/femenino). Todo esto, sin duda, crea confusiones cuando se está iniciando el aprendizaje del idioma.

# Capítulo 6
# Mi viaje a Japón y mi relación actual con el idioma japonés

En el 2017 tuve la oportunidad de viajar a Japón durante quince días en el mes de diciembre. Creo que no elegí la mejor temporada del año para ir, ya que hacía demasiado frío, pero fue cuando pude tomar vacaciones. Compré mis boletos un par de meses antes y, curiosamente, también fue la primera vez que subí a un avión. Al viajar sola, fue algo aterrador; hasta ahora me sigue dando un poco de miedo subir a los aviones. En Japón me estaba esperando la persona que actualmente es mi pareja, quien me acompañó durante toda la estadía y regresó conmigo para vivir en México de forma definitiva.

Al llegar al aeropuerto de Naritatuve ciertos problemas para encontrar la salida y me confundí demasiado en muchas cosas; supongo que es algo normal al ser mi primer viaje. Me guiaba viendo lo que hacían los demás o me desplazaba junto con ellos para no perderme. Cuando por fin me encontré con la persona que me esperaba, fue un alivio. Él se convirtió en mi guía de viaje, lo que me hizo sentir mucho más tranquila. Luego subimos a un autobús que nos llevó al lugar en el que nos íbamos a hospedar. Fue en el hotel del propio aeropuerto de Narita, donde las habitaciones eran amplias, a pesar de que, por lo general, las habitaciones de hoteles en Japón son bastante reducidas.

Cuando llegamos al hotel, lo primero que hice fue tomar un baño, comer algo y descansar un poco. El viaje fue muy cansado, pero mi curiosidad y emoción era mayor, así que luego salimos a caminar cerca para ver lo que había. Tomé muchas fotos e incluso grabé como la puerta de los taxis se abría de forma automática, algo que llama mucho la atención a los viajeros. Esa noche comí un pan al vapor, como el que come Chihiro en la película *El viaje de Chihiro*; pensaba erróneamente que el relleno era de chocolate, pero no: era de pasta de frijol dulce. Este pan, por cierto, es muy consumido en Japón.

El día siguiente fue un día muy esperado, ya que visitamos Tokio Disney. En realidad, no era un lugar que hubiera elegido conocer entre todo lo que se puede encontrar en Japón, pero la experiencia fue muy agradable y nos quedamos hasta la noche para ver el espectáculo del castillo de cenicienta. Durante el día presenciamos también un desfile con muchos personajes, aún conservo el video que grabé, nos subimos a varias atracciones y entramos a diversas tiendas de *souvenirs*.

Ese día, por la tarde noche nos sentamos en unas mesitas y compramos algo para comer mientras platicábamos de cosas que no recuerdo bien. Cerca de nosotros había una chica que trabajaba en el lugar, quien estaba barriendo y limpiando mesas vacías. De pronto, la chica se acercó a nosotros y nos preguntó en español:

—¿Disculpen, ustedes vienen de México?

Nos sorprendimos porque nos estaba hablando en español, y le contesté:

—Sí, bueno, en realidad yo soy mexicana y él es de Perú. ¿Dónde aprendiste a hablar español?

—En la escuela. Decidí estudiarlo porque me gusta ese idioma. Al verlos, pensé que sería buena idea acercarme para conversar un poco y así practicar —nos respondió.

—Pues lo hablas muy bien. ¡Felicidades!

—Bueno, ya no los molesto más, sigan disfrutando. Hasta luego —nos dijo finalmente, y se fue.

Fue realmente agradable e interesante escucharla hablar español, porque es extraño encontrar en Japón personas que estén interesadas en aprender este idioma. Por lo general, optan por el inglés, aunque debo decir que la mayoría no lo domina muy bien e incluso su pronunciación es rara; es más fácil encontrar gente joven que lo hable y entienda que personas mayores. Me sorprendió que, durante el viaje, varias personas a las que les hablábamos en japonés o les decíamos que entendíamos bien su idioma insistían en hablarnos en inglés.

Los días posteriores visitamos la Torre de Tokio y la Tokio Skytree. Caminamos para llegar de una torre a la otra, por lo que fue bastante agotador, pero tenía ganas de conocer al máximo lo que me encontrase en el camino. Dentro de la Torre de Tokio comimos postres y compramos más souvenirs. Yo quería probar todo lo que tuviera matcha, y creo que terminé hartándome de ese sabor, porque hasta ahora evito consumirlo. En realidad, en Japón todo tiene matcha: los helados, los panes, los dulces, las bebidas… se encuentra por todas partes, ya que es muy popular.

Definitivamente, uno de los lugares que más disfruté conocer fue el parque temático J-World. Como fan de Dragon Ball, me sentía como una niña en una dulcería. Uno de los juegos disponibles era el de buscar las esferas del dragón con un radar mientras recorres las instalaciones recreadas con distintos escenarios de la serie. Se veía bastante realista. Desafortunadamente, un niñito encontró las siete esferas antes que nosotros, pero aun así la experiencia fue increíble. También me tomé fotos en la nube voladora y en la nave esférica de los *saiyajin*. La comida fue genial, porque incluía una galleta o una oblea con las caras de los personajes plasmadas y la hamburguesa tenía el *kanji* de la tortuga en el pan. Después hubo un momento en el que vi una botarga de Goku recorriendo las instalaciones y me volví loca. estuve persiguiendo a Goku hasta que lo alcancé y le dije:

—Por favor, quiero una foto, quiero una foto.

A todos les hizo gracia, pero es una de las fotos más significativas para mí hasta ahora.

También fuimos a Shibuya, una de las zonas más comerciales de Tokio donde nos tomamos una foto en la famosa Estatua de Hachiko y visité una tienda de Studio Ghibli, templos y otras tiendas de ropa. Fuera del centro comercial Diver City estaba el robot Gundam gigante; fue increíble verlo. Cerca de ahí estaba la rueda de la fortuna, así que aprovechamos para subir. Luego comimos en un restaurante de comida mexicana llamado Wahoo's. El menú fue muy curioso, pues pedimos tacos y enchiladas; por supuesto, las salsas no picaban y el taco iba con un limón pequeñito. De postre pedí unos churros. Mientras estábamos comiendo, entró una mamá con su hijo y pidieron un plato de arroz con *curri* y frijoles, simulando el mole que se consume en México, y también un burrito, que no entiendo por qué es popular en todos los restaurantes mexicanos en el extranjero. La comida de ese restaurante fue buena.

En Kioto fue donde visitamos la mayor cantidad de templos, como el Kinkakuji o templo dorado y el Ginkakuji, o templo de plata. En lo personal, me gustó más el templo dorado, pero ambos eran muy bonitos; el recorrido en el sitio es muy agradable, con mucha naturaleza alrededor. Allí compramos más recuerdos en las tiendas y comimos ramen y *nikuman*.

Hablando de la comida, uno de los alimentos que tenía curiosidad por probar es el oden, un plato que puedes comprar en cualquier tienda de conveniencia, conocidas como *konbini*, y que es económico. Ese plato lo vi por primera vez en una serie de anime, en la que el personaje principal visita el puesto de un zorro que lo vende. Por eso, cuando lo vi, me dio curiosidad de saber que era todo lo que lo componía, en especial un ingrediente que parecía ser un costalito, razón por la que, en cuanto lo vi en Japón, lo compré. Básicamente, la mayor parte está hecho a base de pescado; también contiene, entre otras cosas, huevo, *konnyaku*, tofu, *daikon* y el famoso costalito llamado *mochi kinchaku* No me gustó nada el sabor, pero al menos pude satisfacer mi curiosidad de probarlo.

En las mismas tiendas de conveniencia venden otras cosas interesantes, como unas paletas de hielo muy populares. Yo compré una de color azul y lo que me llamó más la atención no fue el sabor, sino que no se derretía; tardé en comerla, pero la paleta permaneció sólida en todo momento. Los sándwiches de fresa con crema y los de huevo son una delicia, que también están perfectamente armados y el pan no se remoja; es interesante pensar cómo logran mantener la buena imagen y el sabor del producto al mismo tiempo.

Por otro lado, cuando estuvimos en Nara, no sabía que entraría a un templo con una estatua gigante de Buda. Es el templo Tōdai-ji, que es impresionante. Estuve un buen rato en el lugar, pues alrededor hay un parque de venados, a los que puedes alimentar con unas galletas especiales que venden allí mismo. Sin embargo, en esa ocasión, los venados estaban un poco agresivos; al principio fue bonito darles una galleta, pero, de repente, uno de ellos nos arrebató el paquete completo. Optamos por irnos, ya que incluso nos perseguían buscando que les diéramos más comida; nos espantamos un poco, pero, sin duda, eran muy lindos.

Por último, estuvimos en Osaka, donde visitamos el famoso castillo; pudimos entrar y recorrerlo, así que fue bastante interesante. Luego paseamos por *Dōtonbori*, justamente en Año Nuevo. Es el único lugar que me impresionó por la cantidad de basura que había tirada por los festejos del día previo. Pensé que eso no sucedía en Japón, pero fue el único lugar así; realmente es uno de los países que te impresiona por lo limpias que se ven sus calles y por la seguridad, aunque como extranjero vas con la noción de estar cuidando siempre la bolsa o la cartera, algo que, bueno, se vuelve una costumbre para quienes vivimos en países con poca seguridad. En una estación de tren encontré uno de los mejores baños públicos que he visto en mi vida: se veía bastante limpio, amplio y con una decoración muy bonita; incluso estaba escrito que esos baños se habían hecho acreedores de un premio por lo limpio y estético de sus instalaciones.

Osaka se convirtió en uno de los sitios que más recuerdo, porque fue donde visité uno de mis lugares favoritos: el restaurante temático de Dragon Ball. Casi lloré de la emoción cuando entré. Los platillos fueron muy buenos y muy fotografiables. Uno de los postres tenía forma de esfera del dragón y otro tenía un bombón con forma de uno de los personajes de la serie. Dentro del mismo restaurante hay una pequeña tienda con productos de la serie, así que compré un termo, una funda para mi celular y otras cosas. A pesar de que sí es un poco costoso este lugar, para mí valió totalmente la pena; pienso que son experiencias que se viven una vez en la vida, por lo que hay que aprovecharlas.

Sin duda, este viaje fue increíble. Sin pensarlo, había cumplido uno de mis más grandes sueños: conocer Japón. Allí descubrí cosas nuevas y muy interesantes. Desearía que hubiera una tienda de Don Quijote en México, pues fue mi favorita en Japón puedes estar todo un día ahí porque es muy grande. Otro recuerdo interesante es que, mientras caminábamos por las calles, nos encontramos con cosas que nos resultaron graciosas, como un hotel llamado Dormy Inn y un letrero que decía «mucho gracias». También subí varias veces al tren bala, donde vi por la ventana los alrededores cubiertos de nieve mientras viajaba. Las calles, indudablemente, son como las que se muestran en el anime. Me faltaron lugares por visitar y me encantaría poder ir de nuevo.

En cuanto al idioma japonés, hasta ahora sigo estudiándolo de forma autodidacta para no perder la práctica y lo sigo contemplando como herramienta de trabajo a pesar de que ya no tengo la ilusión de antes. Veo a Japón como un país interesante, así como a su cultura y gastronomía, y la gente, pues, es como en todos los lugares del mundo en los que puedas estar. Nos vamos a encontrar con personas amables, alegres y amigables, pero también con personas no tan agradables. En cada país tienen costumbres y formas de pensar distintas, y es muy respetable. A mí me tocó la mala suerte en mi primer trabajo como traductora, pero, gracias a esas experiencias, aprendemos a saber cuáles son nuestros límites y hasta qué punto podemos y queremos soportar ciertas situaciones. Es normal querer alejarse después de experimentar malas vivencias e intentar buscar caminos diferentes. Nuestros gustos y prioridades también cambian con el tiempo, así como nuestros objetivos personales y profesionales. Todo se va actualizando en nosotros mismos, y esto es parte de la vida.

# Lecturas recomendadas


*Historia de la buelita Juana* ( Nicole Toledo)